RÈGLEMENT ET TARIF
DE L'OCTROI

DE LA
VILLE DE MONTBRISON

Conformes aux Délibérations du Conseil municipal

Population totale... **7.800**
Agglomérée........ **6.540**
(Recensement du 6 Mai 1921).

*Règlement et Tarif approuvés par décret de M. le Président
de la République en date du 29 Décembre 1923.*

IMPRIMERIE DU JOURNAL DE MONTBRISON
RUE TUPINERIE, 4
1924

RÈGLEMENT ET TARIF

DE L'OCTROI

DE LA

VILLE DE MONTBRISON

Conformes aux Délibérations du Conseil municipal

Population totale... **7.800**

Agglomérée....... **6.540**

(Recensement du 6 Mai 1921).

*Règlement et Tarif approuvés par décret de M. le Président
de la République en date du 29 Décembre 1923.*

IMPRIMERIE DU JOURNAL DE MONTBRISON
RUE TUPINERIE, 4
1924

RÈGLEMENT ET TARIF
DE L'OCTROI
DE LA VILLE DE MONTBRISON

— (LOIRE) —

CHAPITRE Ier

§ 1er. — *De la Perception*

ART. 1er. — L'octroi municipal et de bienfaisance établi dans la commune de Montbrison, département de la Loire, sera perçu conformément au tarif ci-annexé, et d'après les dispositions du présent règlement.

La perception se fera sur tous les objets compris au tarif et sur tous les consommateurs, sans aucune exception.

La surveillance immédiate de l'octroi appartient au Maire sous l'autorité de l'Administration supérieure.

La surveillance générale sera exercée par la régie des contributions indirectes.

ART. 2. — Le rayon de l'octroi comprendra le périmètre indiqué par les poteaux ci-après :

Le premier poteau sera planté sur la route de Champdieu, au lieu dit Pioleron, en face de la propriété de M. Bayle et suivra le chemin de Curtieux à Vaure. Les loges situées au nord de ce chemin seront comprises dans le rayon.

Le n° 2 sera placé sur le chemin de Montbrison à Chanry, au point où vient aboutir le prolongement du chemin de Vaure à la limite des propriétés de MM. Griot au nord ; Cottant à l'est, et veuve Laurent au sud.

Le n° 3 sera placé à l'angle sud de la propriété de M. Bouchet en suivant le chemin de Chanry à Montbrison, dans la direction du nord au sud.

Le n° 4 sera placé sur le chemin de Vaure à Montbrison, à l'angle nord de la propriété Fortunier et au sud de la propriété Chauve André.

Le n° 5 sera établi à l'angle nord-est du clos des héritiers Bonhomme, lequel est compris dans le même rayon, comme précédemment.

Le poteau n° 6, dont la limite se dirige du nord à l'est, sera placé sur la route de Feurs, à l'angle sud-ouest de la propriété de M. Tavernier Benoit, en comprenant le village dit des Jacquins, situé sur l'allée de Savigneux.

N° 7, la limite se dirige comme autrefois du nord à l'est, par une ligne droite jusqu'à la grange de M. Chambon, cultivateur, située sur le chemin de Savigneux, laquelle grange ou maison est comprise dans le rayon de l'octroi.

N° 8, le rayon se dirige du nord au sud, par une ligne droite, jusqu'à la partie nord du clos Faugerand situé sur le chemin de la Verdière. On voit, par ce qui précède, que les n° 5, 6, 7 et 8 conservent l'ancienne limite autorisée par ordonnance royale du 27 décembre 1837.

Le n° 9 placé sur le territoire de la commune de Montbrison ainsi que les suivants, suivra ledit chemin de la Verdière qui sépare la commune de Montbrison de celle de Savigneux, jusqu'à la rivière du Vizézy, angle nord de la propriété Henri Bayle.

Le n° 10 sera établi au Pont de Pleuvey. La limite d'octroi suivra ainsi la rivière du Vizézy entre ces deux points.

Le n° 11 sera placé à l'embranchement du chemin de Prétieux, sur la route départementale n° 1, vis-à-vis de la maison de Pleuvey.

Le n° 12 sera établi à l'intersection du chemin Bayard avec celui faisant limite entre les communes de Montbrison et de Moingt.

La limite du rayon de l'octroi suivra le chemin de Prétieux sur environ 200 mètres de longueur, et pour le surplus le chemin Bayard.

Le 13e poteau sera établi à l'angle sud-ouest de la clôture de M. Dulac, et la limite de l'octroi suivra ainsi le chemin faisant limite entre les deux communes, en traversant la route départementale n° 2 de Saint-Etienne, et celle n° 5 de Clermont par Ambert.

Le n° 14 sera placé à l'angle nord-ouest du pavillon de M. Fraisse André, au point de jonction des territoires de Montbrison, Moingt et Ecotay, et en suivant toujours, depuis le point n° 11, la limite entre les communes de Moingt et de Montbrison.

Le n° 15 sera placé sur le chemin de Bard, à la naissance de la Goutte Duguet.

Le n° 16 sera établi sur la rivière du Vizézy, à l'embouchure du ruisseau de la Fouillouse. La limite d'octroi suivra ainsi la Goutte Duguet, puis ensuite la Goutte de la Fouillouse.

Le 17me poteau sera placé en remontànt ladite rivière au point de séparation, entre le pré de M. Maillon et celui de Giraud-Mussy, au lieu dit de la Blanchisserie ou de Randon.

Le n° 18 sera placé sur le chemin de Saint-Bonnet-le-Courreau, à l'angle nord-est de la maison Murat Jean, cabaretier, laquelle sera comprise dans le rayon de l'octroi, ainsi que les loges à partir de ce point, sur le côté nord du chemin jusqu'à la loge Marcoux qui sera comprise dans le rayon de l'octroi. La limite suivra une partie du chemin qui remonte à Curtieux et le chemin de service du territoire de Pierre-à-Chaux.

Le n° 19 sera placé sur le même chemin de Saint-Bonnet, à l'angle sud-est de la loge du sieur Marcoux cadet; les loges à l'ouest de ce chemin seront comprises dans le rayon de l'octroi.

Le n° 20 sera placé à l'angle de la clôture du sieur Arnaud, de Châtelneuf, la limite suivra ainsi l'ancien chemin de Montbrison à Curtieux, en y comprenant, dans les rayons, les loges situées au nord de ce chemin, jusqu'au 21° poteau.

Le 21° poteau sera placé à l'angle sud-ouest de la loge de Veuve Palais, dite la loge de la Vierge, laquelle sera comprise dans le rayon, sur le vieux chemin tendant du chemin de Curtieux à l'ancienne paroisse de la Madeleine.

Les loges à l'ouest de ce chemin, entre le poteau n° 20 et celui n° 21, seront également comprises dans le rayon du poteau n° 21. Le pourtour se complètera en allant rejoindre le poteau n° 1 en suivant le chemin du faubourg de la Croix à Champdieu.

Art. 3. — Les déclarations et la recette des droits se feront aux bureaux ci-après désignés, savoir :

1° Au bureau de la Mairie, dit bureau central, situé à la bascule ;

2° Au bureau placé sur le boulevard Lachèze, vis-à-vis la route d'Ecotay ;

3° Au bureau placé en face de la caserne militaire, sur la route de Montbrison à Saint-Etienne ;

4° Au bureau placé à l'extrémité du faubourg Saint-Jean, sur la route de Montbrison à Lyon ;

5° Au bureau placé à la grange de Girodet, sur la route de Montbrison à Feurs, dit de Savigneux ;

6° Au bureau placé au village des Jacquins, situé sur l'allée de Savigneux ;

7° Au bureau placé à l'extrémité du faubourg de la Madeleine, sur la route de Montbrison à Boën ;

8° Au bureau placé dans le faubourg de la Croix ;

9° Au bureau placé à l'angle sud-ouest du clos d'Allard, situé sur la route nouvelle du Vizézy, dit de Beauregard ;

10° Au bureau de l'abattoir, situé à l'abattoir public ;

11° Au bureau de la gare, sis à la gare, petite vitesse.

Ils seront constamment habités par des employés à ce destinés (nuit et jour).

Ces bureaux seront indiqués par un tableau portant ces mots : *Bureau de l'octroi ;* ils seront ouverts tous les jours de 5 heures du matin à 10 heures du soir, à partir du 1er avril jusqu'au 30 septembre, et seulement de 6 heures du matin à 10 heures du soir, du 1er octobre au 31 mars (le bureau central excepté qui sera ouvert seulement le jour).

Pour l'introduction des combustibles et des fourrages,

depuis 5 heures du matin, jusqu'à 10 heures du soir pendant la saison d'été, et pour les autres objets tarifés, pendant les mois d'octobre, novembre, décembre, janvier, février et mars, depuis 6 heures du matin jusqu'à 7 heures du soir. Aucune introduction d'objets soumis aux droits d'octroi ne pourra avoir lieu que dans les intervalles de temps ci-dessus déterminés, il en sera de mème pour les sorties provenant d'entrepôts ou de passe-debout et de transit.

Les présents tarif et règlement seront affichés dans l'intérieur et à l'extérieur desdits bureaux.

§ 2. — *Perception sur les objets.*
provenant de l'extérieur

Art. 4. — Tout porteur ou conducteur d'objets assujettis aux droits d'octroi, sera tenu, avant de les introduire, d'en faire la déclaration au bureau ; de produire les congés, acquits-à-caution, passavants, ainsi que les lettres de voiture, connaissements, chartes-parties, ou toutes autres expéditions qui les accompagnent, et d'acquitter les droits si les objets sont destinés à la consommation du lieu, sous peine de la confiscation desdits objets et d'une amende de 100 à 300 francs.

Toute déclaration, devra indiquer la nature, la quantité, le poids et le nombre des objets introduits.

Art. 5. — Après la déclaration les préposés pourront faire toutes les recherches, visites et vérifications nécessaires pour en constater l'exactitude. Les conducteurs seront tenus de souffrir et même de faciliter toutes les opérations relatives auxdites vérifications.

Tout objet soumis à l'octroi qui, nonobstant l'interpellation faite par les préposés, serait introduit sans avoir été déclaré, ou sur une déclaration fausse, sera saisi ; les voitures, chevaux et autres moyens de transport, seront également saisis, à défaut par les contrevenants de consigner le maximum de l'amende prononcée par l'article précédent ou de fournir caution valable.

Art. 6. — Il est défendu aux employés, sous peine de destitution et de tous dommages-intérêts, de faire usage de sonde dans la visite des malles, caisses et ballots annoncés contenir des étoffes, linges et autres objets susceptibles d'être endommagés.

Dans ce cas, comme dans tous ceux où le contenu des caisses et ballots serait inconnu et ne pourrait être vérifié immédiatement, la vérification en sera faite dans les emplacements à ce destinés et déterminés par l'autorité locale,

Art. 7. — L'introduction et la tentative d'introduction, dans le rayon de l'octroi, d'objets soumis aux droits, à l'aide d'ustensiles préparés ou de moyens disposés pour la fraude, donnera lieu à l'arrestation du porteur ou du conducteur desdits objets ; cette arrestation pourra être opérée par les préposés de l'octroi.

Art. 8. — Lorsqu'en vertu de l'article précédent, les préposés auront arrêté et constitué prisonnier un fraudeur, ils seront tenus de le conduire sur le champ devant un officier de police judiciaire ou de le remettre à la force armée, qui le conduira devant le juge compétent, lequel statuera de suite, par décision motivée, sur l'emprisonnement ou la mise en liberté du prévenu.

Néanmoins, celui-ci sera immédiatement mis en liberté, s'il offre bonne et suffisante caution de se présenter en justice et d'acquitter l'amende encourue, ou s'il consigne ladite amende.

Art. 9. — Les boissons que l'on tenterait de soustraire aux droits en les déclarant impotables, pourront être vinaigrées par les employés aux frais des porteurs ou des conducteurs ; dans ce cas, elles supporteront le même droit que le vinaigre.

Toutes les personnes qui introduiront dans le rayon de l'octroi des animaux destinés à être abattus ou vendus seront tenus (sauf l'exception prévue par l'article 30 du présent règlement) de se munir d'un passe-debout qui leur sera délivré aux bureaux d'entrée.

Art. 10. — Les bouchers, charcutiers et toutes les personnes qui voudront conserver des bestiaux vivants plus de 24 heures, sont tenus de se munir le même jour de l'introduction, si c'est possible, ou le lendemain dans la première heure du jour, d'un bulletin d'entrepôt ou de transit et de se soumettre à toutes les obligations qui leur sont imposées par les articles 11, 12, 13 et 14 du décret du 12 février 1870 et autres sur la matière, ainsi qu'au règlement de l'abattoir du 31 décembre 1879, selon que les bestiaux seront expédiés du dehors ou qu'ils devront être abattus pour la consommation locale.

Art. 11. — Il ne pourra être introduit d'objets assujettis à l'octroi que par les routes sur lesquelles sont établis les bureaux de déclaration.

Art. 12. — Tout porteur ou conducteur d'objets assujettis aux droits, destinés pour les habitations comprises dans le rayon de l'octroi, mais situées en dehors des bureaux de perception, sera tenu, avant de les déposer ou remiser à domicile, de les conduire directement au bureau pour en faire la déclaration, produire les expéditions qui les accompagnent, et d'acquitter les droits si les objets sont destinés à la consommation du lieu, ou de se munir d'un passe-debout, d'un bulletin de transit ou d'entrepôt, si lesdits objets sont destinés à l'extérieur.

Tout objet soumis à l'octroi qui n'aura pas été conduit directement au bureau et qui sera déchargé sans avoir été déclaré, sera saisi ainsi que les moyens de transport conformément aux dispositions des articles 4 et 5 du présent règlement.

§ 3. — *Perception sur les objets de l'intérieur.*

Art. 13. — Toute personne qui récolte, prépare ou fabrique, dans l'intérieur du rayon de l'octroi, des objets compris au tarif, est tenue, sous peine de la confiscation des objets récoltés, préparés ou fabriqués, et d'une amende de 100 à 300 francs, d'en faire la déclaration, et, si elle ne réclame la faculté de l'entrepôt, d'acquitter immédiatement les droits.

Les proposés de l'octroi reconnaitront à domicile les quantités récoltées, préparées, et fabriquées et feront toutes les vérifications nécessaires pour prévenir la fraude.

Art. 14. — Les bestiaux destinés à la consommation locale, pour lesquels l'entrepôt sera réclamé, devront être présentés au bureau central où le receveur de ce bureau les marquera au feu et délivrera, après les avoir comptés, un bulletin d'entrepôt du registre D. Ceux qu'on introduira morts ou qu'on abattra dans l'intérieur des limites seront marqués au noir sur les extrémités des quartiers. On ne pourra, dans l'un et l'autre cas, se servir d'autres marques que celles déterminées par le Maire.

Art. 15. — Le receveur de l'abattoir devra marquer distinctement de l'empreinte ou des initiales qui lui seront remises, les quatres quartiers des bestiaux dépouillés et dont les droits lui auront été acquittés. Il devra tenir la main à ce qu'aucun boucher ou charcutier n'enlève les viandes abattues sans être muni de la quittance qui lui revient.

Art. 16. — Les bouchers, charcutiers et autres débitants de viande sont tenus de se conformer au règlement de l'abattoir, de souffrir les visites et exercices des préposés de l'octroi et de leur représenter les quittances du paiement des droits de tous les bestiaux dépouillés qui se trouveront à l'étalage.

A défaut de la marque ou empreinte de l'abattoir sur l'une des extrémités des quatres quartiers, les animaux abattus seront réputés être introduits en fraude et les bouchers ou charcutiers qui en seraient détenteurs seront passibles des peines fixées par les articles 4 et 5 du présent règlement.

Art. 17. — Les bouchers, charcutiers et marchands, soit de l'intérieur ou de l'extérieur, qui introduiront dans l'intérieur du rayon des viandes, en quartier, dépecées, fraîches, salées ou fumées, seront tenus d'en acquitter les droits au bureau le plus voisin.

Ces viandes seront vérifiées par le service compétent et si elles sont reconnues saines, les droits d'octroi seront acquittés immédiatement, après quoi le receveur les estampillera de la marque propre à son bureau. Le service de l'octroi sera également autorisé à faire des visites dans les divers étalages et à demander représentation des quittances des droits et des marques dont ces viandes devront être revêtues ; si ces commerçants ne pouvaient représenter ni marque ni quittances, les viandes qui en seraient dépourvues seraient saisies et l'amende fixée par les articles 4 et 5 du présent règlement leur serait appliquée.

ART. 18. — Seront prohibés et désignés comme tels, par des poteaux portant cette inscription : *Chemin prohibé pour l'introduction des objets soumis à l'octroi*, les suivants: 1º Le chemin à talon coupant la route de Montbrison à Bard à la Goutte-Duguet et aboutissant au quai des Eaux-Minérales.

2º Le chemin du Tour de la Roue aboutissant au quai des Eaux minérales et à la rue des Jardins.

CHAPITRE II

§ 1. — *Passe-debout. Transit et entrepôt des objets soumis aux droits du Trésor*

ART. 19. — Les formalités du passe-debout et du transit des boissons et des huiles, autres que les huiles minérales, seront les mêmes pour l'octroi que celles qui sont observées par la Régie des Contributions indirectes.

L'entrepôt des boissons et des huiles autres que les huiles minérales, aura lieu, pour l'octroi, d'après les mêmes formalités, conditions et pour les mêmes quantités que celles qui sont fixées à l'égard des droits du Trésor.

Les exercices chez les entrepositaires seront faits par les Employés des Contributions indirectes, en conformité de l'article 91 de l'ordonnance du 9 décembre 1814.

§ 2. — *Du Passe-debout des objets non sujets aux droits du Trésor*

Art. 20. — Le conducteur d'objets soumis à l'octroi, qui voudra traverser seulement la commune, ou y séjourner moins de 24 heures, sera tenu de se munir d'un passe-debout.

Art. 21. — Pour jouir de l'exemption résultant du passe-debout, les propriétaires, conducteurs ou porteurs d'objets portés au tarif, seront tenus de faire les déclarations prescrites par l'article 4, et d'indiquer, en outre, le lieu du départ et celui de la destination.

Art. 22. — Les droits seront consignés ou cautionnés. Ces droits seront rendus ou la caution déchargée lorsqu'il aura été justifié de la sortie des objets. Lorsque les conducteurs ne pourront cautionner ni consigner les droits, il leur sera accordé une escorte dont les frais seront à leur charge et sont réglés de la manière suivante, à savoir :

Trente centimes par voiture ou convoi de voitures, pourvu qu'elles marchent ensemble et appartiennent au même conducteur. Le montant de cette rétribution sera inscrit comme faisant partie des recettes de l'octroi sur un registre à souche, coté et paraphé par le Maire et tenu par les receveurs ; toutefois l'escorte ne dispensera pas de la formalité du passe-debout, et elle ne sera pas exigible de la part des contribuables, si le service de l'octroi en souffre, surtout les jours de foire et de marché, jour où la présence des employés est indispensable aux bureaux d'entrée.

Les bestiaux traversant la ville, les jours de foire ou de marché exceptés, ne pourront être introduits dans le rayon de l'octroi qu'autant que le propriétaire ou conducteur sera muni d'un passe-debout et qu'il aura consigné ou fait cautionner les sommes portées au tarif ci-dessous.

Les mêmes droits seront dûs en cas de manquant constaté sur les bestiaux admis en entrepôt, et sur les bestiaux élevés et entretenus dans le rayon de l'octroi, attendu qu'il est impossible d'en reconnaître le poids réel.

Art. 23. — Toute substitution et toute altération faite dans la nature ou l'espèce des objets en passe-debout ou en transit, pendant la durée du séjour, fera encourir aux contrevenants une amende de 100 à 300 francs et entraînera, en outre, la confiscation des objets représentés, ou la saisie fictive des objets disparus, et le paiement d'une somme égale à la différence de la valeur des objets saisis avec celle des objets déclarés ou reconnus à l'entrée, laquelle sera déterminée d'après le prix moyen dans le lieu sujet.

Art. 24. — Les caisses et ballots accompagnés d'acquits-à-caution et portant les plombs et marques des contributions indirectes ou des douanes, sont affranchis des visites et vérifications, si les plombs et marques sont reconnus sains et entiers, et, dans le cas, seulement, où les objets resteront sous la surveillance des employés.

Art. 25. — Dans le cas où, par force majeure ou par accident reconnu par les autorités locales, un conducteur sera retenu dans le rayon de l'octroi au delà du délai fixé, le passe-debout sera, sur sa déclaration, converti en transit, et les objets seront mis sous la surveillance des préposés de l'octroi jusqu'à leur sortie. Les frais de sortie ou de garde, s'il y en a, seront à la charge des déclarants.

Art. 26. — En cas de changement de moyens de

transport, ayant pour effet de rendre plus difficile la vérification à la sortie des objets introduits sur passe-debout, les employés devront être appelés.

§ 3 — *Du transit des objets non soumis aux droits du Trésor.*

Art. 27. — Les déclarations et formalités prescrites pour les objets en passe-debout, excepté en ce qui concerne l'escorte, auront également lieu pour le transit. Les droits seront consignés ou cautionnés. Les objets admis en transit resteront sur la surveillance des préposés jusqu'au moment du départ.

Art. 28. — La durée du transit est fixée à trois jours. Nulle prolongation au delà de ce terme ne peut avoir lieu que sur l'autorisation du Maire, d'après l'avis du préposé principal de l'octroi, et dans le cas d'une nécessité dûment constatée.

Art. 29. — Les droits seront restitués ou la caution déchargée au moment de la sortie. S'il n'était présenté qu'une portion des objets introduits, les droits seraient acquis sur la portion non représentée, à moins toutefois que la vente n'en eût été faite à un entrepositaire et les objets pris en charge à son compte.

Art. 30. — Ne sont plus assimilés aux objets transitants, les bestiaux amenés aux foires et marchés. Ils seront exempts de toute déclaration à l'entrée, mais les employés de l'octroi en surveilleront la vente, et les personnes qui en auraient acheté, pour la consommation locale, seront tenu de les conduire directement au bureau central, pour se munir d'un bulletin d'entrepôt avant de les remiser dans leurs entrepôts et écuries.

Il leur est de même défendu de les introduire dans les différentes rues et faubourgs de la ville ; on suivra pour se rendre du champ de foire au bureau central, la ligne des boulevards.

ART. 31. — Le Maire, sur le rapport du préposé en chef de l'octroi, le cas échéant, pourra prendre toute autre mesure de surveillance nécessaire pour garantir les intérêts de l'octroi contre les tentatives de fraude auxquelles l'entrée en franchise des bestiaux, les jours de foire et marché, pourra donner lieu.

ART. 32. — Les propriétaires qui n'auraient pas vendu leurs bestiaux à la fin du marché ou de la foire ne pourront les remiser dans le périmètre du rayon avant de s'être munis d'un passe-debout au bureau de la bascule situé Boulevard Duguet (les mêmes formalités seront remplies avant l'ouverture des foires et marchés).

ART. 33. — Les droits à consigner pour les bestiaux introduits sur passe-debout dans le rayon de l'octroi, ou ceux à acquitter par les entrepositaires en cas de manquants constatés à leur charge, sont fixés ainsi qu'il suit :

Bœufs et taureaux, par tête	10 fr.	»
Vaches et génisses, id.	10	»
Veaux	4	»
Moutons et brebis	2	»
Chèvres.	0	45
Porcs et sangliers	5	»
Porcs de lait	0	40
Agneaux	0	80

ART 34. — Les voitures et transports militaires chargés d'objets assujettis aux droits sont soumis aux règles ci-dessus prescrites pour le transit et le passe-debout (art. 40 de l'ordonnance du 9 décembre 1814). Toutefois, dans le cas où l'emploi de ces formalités pourrait

apporter un retard nuisible, les préposés se borneront à surveiller ou à escorter le convoi.

Art. 35. — Les diligences, fourgons à chevaux ou à moteurs, fiacres, cabriolets et autres voitures de louage sont soumis aux visites des préposés de l'octroi ainsi que les voitures automobiles.

Il en est de même des voitures particulières suspendues ou non suspendues et des voitures automobiles.

Art. 36. — Les individus voyageant à pied ou à cheval ne pourront être arrêtés, questionnés ou visités sur leur personne, ni à raison de leurs effets.

Tout acte contraire à la présente disposition sera réputé acte de violence, et les préposés qui s'en rendront coupables seront poursuivis correctionnellement et punis des peines prononcées par les lois. Tout individu soupçonné de faire la fraude, à la faveur de cette exception, pourra être conduit devant un officier de police ou devant le Maire, pour y être interrogé et la visite de ses effets autorisée s'il y a lieu.

Art. 37. — Les courriers ne pourront être arrêtés à leur passage sous prétexte de la perception ; mais ils seront tenus d'acquitter les droits sur les objets soumis à l'octroi qu'ils introduiraient pour être consommés dans la localité ; à cet effet, les préposés de l'octroi seront autorisés à assister au déchargement des malles.

§ 4. — *Des bestiaux entretenus dans le rayon de l'octroi*

Art. 38. — Les propriétaires de bestiaux entretenus dans le rayon de l'octroi feront leur déclaration au bureau. Il leur sera délivré un permis de circulation indicatif du nombre, de l'espèce et du lieu du passage affecté à leur sortie et à la rentrée de ces animaux.

Ceux qui seraient introduits au-delà du nombre fixé par le permis, et sans déclaration préalable, seront saisis.

ART. 39. — Les propriétaires de bestiaux dont il s'agit souffriront les visites et exercices des préposés de l'octroi dans leurs étables et bergeries. Il sera fait inventaire de leurs bestiaux, lequel sera suivi de recensements aux époques déterminées par le Maire.

ART. 40. — Ils seront aussi tenus de déclarer d'avance le nombre et l'espèce des animaux qu'ils livreront aux bouchers et aux charcutiers, ceux qu'ils feront venir du dehors pour les remplacer, et ceux qu'ils abattront pour leur consommation personnelle.

Ils déclareront également toute diminution ou augmentation dans le nombre de leurs bestiaux, et pour quelque cause que ce soit.

ART. 41. — Les bestiaux morts naturellement, ou exportés hors de la commune, ne sont passibles d'aucun droit. Il sera fait déclaration des premiers dans le jour de la mort et des seconds préalablement à leur exportation. Ces déclarations seront vérifiées par les préposés. A l'époque des recensements, les propriétaires seront tenus d'acquitter les droits pour les bestiaux manquant à leur charge.

ART. 42. — Les moutons que tiennent les bouchers et autres propriétaires de la ville de Montbrison, par forme d'entrepôt, ne pourront sortir de la ville que d'un soleil à l'autre et par les bureaux de perception désignés à l'article 3 ; ils ne pourront rentrer que par les mêmes bureaux par lesquels ils seront sortis, et aux mêmes heures ci-dessous désignées. A cet effet, il sera construit une barrière par laquelle tous les moutons passeront pour pouvoir les compter facilement, et des permis d'aller paccager leur seront délivrés, il sera loisible à l'administration de faire marquer tous les moutons d'entrepôt.

ART. 43. — Tout excédent constaté de bestiaux trouvés chez un entrepositaire et non justifié par un passe-debout, le bulletin d'entrepôt ou de transit, sera réputé avoir été introduit en fraude et par suite saisissable, le contrevenant encourra en outre l'amende prononcée par l'article 4 du présent règlement.

CHEMIN DE FER

ART. 44. — Les préposés de l'octroi auront accès dans toute l'étendue de la gare et sur toute la portion de ligne qui traverse le rayon. Ils pourront réclamer aux agents de la compagnie les lettres de voitures et tous autres titres pouvant faciliter la vérification des colis en stationnement sur le quai de la gare, petite vitesse, aussi bien que de la grande vitesse. Toutefois la gare étant considérée comme lieu de transit, les objets imposables n'acquitteront les droits qu'au moment de leur sortie de ladite gare.

Les objets qui seront assujettis seulement aux droits d'octroi, pourront être, après vérification, consignés par le préposé de service à la gare, et, à cet effet, il adaptera aux colis vérifiés une étiquette portant ces mots : *Consignés par l'octroi.* Il devra en informer immédiatement le chef de gare ou son représentant. La sortie de ces objets, sans déclaration préalable, rendrait la compagnie responsable du non-paiement des droits.

§ 5. — *Entrepôt à domicile des objets non soumis aux droits du trésor.*

ART. 45. — Les propriétaires et commerçants sont, en justifiant de leur qualité, admis à recevoir chez eux et dans leurs magasins, à titre d'entrepôt et sans acquittement préalable des droits, les marchandises soumises à l'octroi.

Les admissions à la qualité d'entrepositaire seront prononcées par le Maire. Toutes les contestations qui s'élèveraient relativement au bénéfice de l'entrepôt seront portées devant le Maire, qui prononcera sauf recours au Préfet.

ART. 46. — Sont désignés ci-après les objets admis à l'entrepôt à domicile, ainsi que les quantités au-dessous desquelles la faculté de l'entrepôt ne pourra être accordée, et le certificat de sortie délivré.

SAVOIR :

Les bestiaux seront admis en toutes quantités.

	A L'ENTRÉE	A LA SORTIE
	Quantités	Quantités
Vinaigre......................	6 hectolitres	25 litres
Lard, graisse et viandes salées ..	3oo kilogr.	12 kilogr.
Foin et fourrages de toute sorte .	6.000 kil.	400 kilogr.
Paille de toute espèce...........	5.000 kil.	400 kilogr.
Bois à brûler de toute espèce....	20 stères	1 stère
Charbons de bois..............	5oo kil.	100 kilogr.
Charbons de terre	5.000 kil.	200 kilogr
Coke ou escarbilles.............	1.000 kil.	15o kilogr.
Matériaux de toute espèce.......	3oo m. cub.	1 mètre
Bois en grume ou équarris de toute essence	10 m. cub.	1 m. c.
Plâtre et chaux................	5.000 kil.	100 kilogr.
Fers, aciers, métaux	1.000 kil.	5o kilogr.
Ciment.......................	1.000 kil.	5o kilogr.
Poteries et tuyaux	5oo unités	5o unités
Tuiles, briques, carreaux........	1.000 unités	100 unités
Sable, scories, machefer, argile, etc..........................	20 m. cub.	1 m. cub.
Pierres de taille et moellons.....	10 m. cub.	1 m. cub.
Ardoises......................	1.000 unités	100 unités
Cheminées, marbres, grandes pierres polies, etc...........	5oo kil.	5o kilogr.
Autres matériaux	5oo kil.	5o kilogr.

Les introductions subséquentes pourront avoir lieu en toutes quantités.

Art. 47. — Les combustibles et les matières premières à employer dans les établissements industriels et dans les manufactures de l'Etat sont admis à l'entrepôt à domicile.

Toutefois l'entrepôt ne sera pas accordé pour les matières premières dans le cas où la somme à percevoir à raison des quantités pour lesquelles elles entrent dans un produit industriel, n'atteindrait pas 1/4 p. 0/0 de la valeur de ce produit.

Pour jouir de l'entrepôt à domicile relativement aux combustibles, employés dans les établissements industriels à la préparation de produits destinés au commerce général, le soumissionnaire devra faire entrer une première fois au moins la quantité indiquée au tableau ci-dessus, suivant la nature des articles admissibles à l'entrepôt.

Les arrivages subséquents pourront avoir lieu en toutes quantités.

Décharge sera accordée aux entrepositaires pour toutes les quantités de combustibles et de matières premières employés dans ces établissements à la préparation ou à la fabrication de produits qui ne sont frappés d'aucun droit par le tarif de l'octroi du lieu sujet, pourvu que l'emploi ait été préalablement déclaré et qu'il en ait été justifié aux préposés de l'octroi chargés de l'exercice des entrepôts ; à défaut de quoi le droit sera perçu sur les quantités manquantes.

Si le produit industriel à la préparation duquel sont employés les combustibles ou les matières premières est imposé au tarif de l'octroi, l'entrepositaire n'en obtiendra pas moins l'affranchissement pour le combustible et la matière première employés à la fabrication, mais il paiera le droit dù sur ceux de ces produits qu'il ne justifiera pas avoir fait sortir du lieu sujet.

Art. 48. — Lorsque des droits d'octroi auront été acquittés à l'entrée pour des combustibles ou des matières premières qui, dans l'intérieur du lieu sujet, seront employés à la préparation ou à la fabrication d'un produit industriel, livré à la consommation intérieure et imposable, s'il est régulièrement justifié de ce paiement, le montant desdits droits sera précompté sur celui des droits dùs par le produit fabriqué.

Toutefois, il n'y aurait jamais lieu à remboursement d'aucune portion des droits payés à l'entrée, dans le cas où ils se trouveraient excéder ceux qui sont dus pour le produit fabriqué.

Art. 49. — Ne sont soumis à aucun droit d'octroi les approvisionnements en vivres destinés au service de l'armée de terre, ainsi que de la marine militaire ou marchande, et qui ne doivent pas être consommés dans le lieu sujet ; les bois, fers, graisses, huiles et généralement toutes les matières employées pour la confection et l'entretien du matériel de l'armée de terre, dans les constructions navales et pour la fabrication d'objets servant à la navigation, les combustibles et toutes autres matières embarquées sur les bâtiments de l'Etat et du commerce pour être consommés ou employés en mer, également en ce qui concerne l'exploitation des mines.

Ces approvisionnements et matières seront introduits dans les magasins de la guerre, de la marine de l'Etat et de la marine marchande, de la manière prescrite pour les objets en entrepôt.

Le compte en sera suivi par les employés et préposés désignés à cet effet, et les droits d'octroi ne seront dus que sur les quantités enlevées pour l'intérieur du lieu sujet et pour tout autre destination que celle qui est spécifiée ci-dessus.

ART. 50. — Les charbons de terre, le coke et tous autres combustibles employés tant par l'administration de la guerre, pour la fabrication ou l'entretien du matériel de guerre et pour la confection d'objets destinés à être consommés hors du lieu sujet, que par la marine de l'Etat et la marine marchande, pour la confection d'objets destinés à la navigation, seront, comme ceux qui sont employés dans les établissements industriels pour la préparation ou la fabrication d'objets destinés au commerce général, affranchis, au moyen de l'entrepôt, du paiement de tout droit d'octroi.

ART. 51. — Les combustibles et matières destinés au service de l'exploitation des chemins de fer, aux travaux des ateliers et à la construction de la voie, seront affranchis de tout droit d'octroi. Il en sera de même des matériaux employés à la construction et à l'exploitation des lignes télégraphiques (décret du 8 décembre 1882).

En conséquence, les dispositions relatives à l'entrepôt à domicile des combustibles et matières premières employés dans les établissements industriels à la préparation et la fabrication des objets destinés au commerce général, sont applicables aux fers, bois, charbons, cokes, graisses, huiles et en général à tous les matériaux employés dans les conditions ci-dessus indiquées.

En dehors de ces conditions, tous les objets portés au tarif qui seront consommés dans les gares, salles d'attente et bureaux, seront soumis aux taxes locales.

ART. 52. — L'abonnement annuel pourra être demandé, pour les combustibles et matières admises à l'entrepôt, aux termes des articles 50 et 51.

Les conditions de l'abonnement seront réglées de gré à gré entre le Maire et le redevable.

ART. 53. — Les entrepositaires seront tenus de fournir aux employés de l'octroi et de mettre à leur disposition les hommes et les ustensiles nécessaires pour faciliter la reconnaissance et le restant en entrepôt, afin que ces préposés puissent établir le compte des droits dus sur les manquants reconnus et dont la sortie ou l'emploi n'aurait pas été justifié.

ART. 54. — Si les entrepositaires refusaient de se conformer aux obligations qui leur sont imposées par l'article précédent, il serait procédé d'office, à leurs frais, aux vérifications dont il s'agit, et. outre la saisie et l'amende encourues pour le cas de fraude dûment constaté, ils seraient passibles des peines prévues par l'article 77 du présent règlement pour le fait d'empêchement aux exercices.

ART. 55. — Indépendamment des obligations ci-dessus mentionnées et des autres conditions qui leur sont imposées, lesdits entrepositaires seront tenus de diviser leurs magasins en cases régulières, d'un cubage facile et d'une contenance déterminée.

ART. 56. — Les conditions pour l'entrepôt, sont : de faire une déclaration par écrit, au bureau de l'octroi ; avant l'entrée des objets entreposés pour ceux venant de l'extérieur, et avant le commencement de la récolte, de chaque préparation ou fabrication, pour les objets produits à l'intérieur du rayon de l'octroi, de permettre les visites et exercices des préposés, de leur ouvrir, à toute réquisition, les caves, magasins et autres lieu de dépôt; et de faire, de la manière et dans les formes voulues par le présent règlement, les déclarations d'expédition pour le dehors et pour l'intérieur.

Les industriels qui profitent de la faculté d'entrepôt pour les combustibles et les matières premières, en vertu de l'article 47 du règlement, devront, avant le commencement de chaque fabrication, s'ils n'ont pas obtenu l'abonnement, faire la déclaration des quantités de combustibles ou de matières premières qu'ils sont dans l'intention d'employer à cet usage.

ART. 57. — Les détaillants ne sont pas admis à l'entrepôt à domicile, toutefois, les marchands en gros ou demi-gros pourront jouir de cette faculté alors même qu'ils feraient dans les mêmes magasins des ventes en détail.

ART. 58. — Toute expédition d'objets entreposés ne pourra avoir lieu qu'aux heures indiquées par l'article 3 du présent règlement, et devra avant l'enlèvement desdits objets être déclarée au bureau de l'octroi. Les droits seront acquittés sur le champ pour les objets destinés à la consommation locale.

Quand aux objets expédiés pour l'extérieur, ils seront représentés aux préposés de l'octroi, lesquels, après vérification des quantités et espèces, délivreront un certificat de sortie.

ART. 59. — Les préposés de l'octroi tiennent un compte d'entrée et de sortie des marchandises entreposées ; à cet effet, ils peuvent faire à domicile, dans les magasins, chantiers, caves, celliers des entrepositaires, toutes les vérifications nécessaires pour reconnaître les objets entreposés, constater les quantités restantes, et établir le compte des droits dus sur celles pour lesquelles il n'est pas représenté de certificat de sortie. Ces droits doivent être acquittés immédiatement par les entrepositaires, et à défaut, il est décerné contre eux, des contraintes qui sont exécutoires nonobstant opposition et sans y préjudicier.

ART. 60. — Tout refus de souffrir les visites, vérifications et exercice des préposés de l'octroi, sera constaté par procès-verbal. Les prétextes d'absence seront réputés refus formel. Les préposés, après avoir déclaré procès-verbal, pourront requérir l'assistance d'un officier de police, faire ouvrir en sa présence, les caves, celliers ou magasins, et procéder aux vérifications prescrites par les articles précédents.

ART. 61. — La durée de l'entrepôt est illimitée.

CHAPITRE III.

CONTENTIEUX

ART, 62. — Toutes contraventions aux dispositions du présent règlement seront constatées par les procès-verbaux, lesquels seront dressés à la requête du Maire.

Ils pourront être rédigés par un seul préposé.

ART. 63. — Ils énonceront la date du jour où ils seront rédigés, la nature de la contravention, et en cas de saisie, la déclaration qui en aura été faite au prévenu ; les noms, qualité de résidence de l'employé verbalisant et de la personne chargée des poursuites ; l'espèce, le poids ou la mesure des objets saisis ; leur évaluation approximative ; la présence de la partie à leur description ou la sommation qui lui aura été faite d'y assister ; le nom, la qualité et l'acceptation du gardien ; le lieu de la rédaction du procès-verbal et l'heure de la clôture.

Art. 64.— Dans le cas où le motif de la saisie porterait sur le faux ou l'altération des expéditions, le procès-verbal énoncera le genre de faux, les altérations ou surcharges. Lesdites expéditions, signées et paraphées resteront annexées au procès-verbal qui contiendra la sommation faite à la partie de les parapher et sa réponse.

Art. 65. — La saisie et la confiscation s'étendront aux futailles, caisses, enveloppes, paniers et sacs renfermant les objets en fraude ou en contravention.

Art. 66. — Les objets saisis seront déposés au bureau le plus voisin. Ils pourront néanmoins, s'il y a lieu, être mis en fourrière.

Art. 67. — Si la partie saisie ne s'est pas présentée dans les dix jours, à l'effet de payer ou consigner l'amende encourue, ou si elle n'a pas formé, dans le même délai, opposition à la vente, cette vente sera faite par le receveur, cinq jours après l'apposition à la porte de la mairie et autres lieux accoutumés, d'une affiche signée de lui et sans aucune autre formalité.

Art. 68. — Néanmoins, si la vente des objets saisis est retardée, l'opposition pourra être formée jusqu'au jour indiqué pour ladite vente. L'opposition sera motivée et contiendra assignation à jour fixe devant le tribunal correctionnel, avec élection de domicile dans le lieu où siège le tribunal: Le délai de l'assignation ne pourra excéder trois jours.

Art. 69. — Dans le cas où les objets saisis seraient sujets à dépérissement, la vente pourra être autorisée avant l'échéance des délais ci-dessus fixés par une simple ordonnance du juge de paix, sur enquête.

Art. 70. — L'action résultant des procès-verbaux en matière d'octroi et les questions qui pourront naître de la défense du prévenu seront de la compétence seulement du tribunal correctionnel.

Art. 71. — En cas de nullité du procès-verbal, et si la contravention se trouve suffisamment établie par d'autres preuves ou par l'instruction, la confiscation des objets saisis ne sera pas moins encourue.

Art. 72. — Le Maire sera autorisé, sauf l'approbation du Préfet, à faire remise, par voie de transaction, de la totalité ou de partie des condamnations encourues même après le jugement rendu.

Art. 73. — Toutes les fois que la saisie aura été opérée dans l'intérêt commun des droits de l'octroi et des droits imposés au profit du Trésor, le procès-verbal devra être rédigé à la requête du directeur des contributions indirectes. A cet employé supérieur appartiendra aussi, dans ce cas, le droit d'intenter les poursuites et de transiger d'après les règles propres à son administration.

Art. 74. — Le produit des amendes et confiscations pour contravention au règlement de l'octroi, déduction faite des frais et prélèvement autorisés, sera attribué moitié aux employés de l'octroi, pour être réparti, d'après le mode qui sera arrêté, et moitié à la commune.

Art. 75. — S'il s'élève une contestation sur l'application du tarif ou sur la quotité du droit réclamé, le porteur ou conducteur sera tenu de consigner, avant tout, le droit exigé entre les mains du receveur ; faute de quoi, il ne pourrait passer outre, ni introduire l'objet qui aurait donné lieu à la contestation ; sauf à lui à se pourvoir devant le juge de paix du canton. Il ne pourra être entendu qu'en représentant la quittance de ladite consignation.

Art. 76. — Les contraintes pour les recouvrements des droits d'octroi seront décernées par le receveur, visées par le Maire, et rendues exécutoires par le juge de paix.

Les oppositions auxdites contraintes seront instruites et jugées conformément aux dispositions prescrites par l'article précédent, et la partie opposante sera également tenue de justifier, avant d'être entendue, de la consignation entre les mains du receveur du montant de la somme contestée.

Art. 77. — Toute personne qui s'opposera à l'exercice des fonctions des préposés de l'octroi sera condamnée à une amende de cinquante francs, indépendamment de la confiscation des objets saisis lorsqu'il y aura lieu, et d'une amende de 100 à 300 francs prononcée pour le cas de fraude.

En cas de voies de fait, il en sera dressé procès-verbal qui sera envoyé au procureur de la République pour en poursuivre les auteurs et leur faire infliger les peines portées par le code pénal contre ceux qui s'opposent avec violence à l'exercice des fonctions publiques.

Art. 78. — Les propriétaires de tous objets compris au tarif sont responsables du fait de leurs facteurs, agents et domestiques, en ce qui concerne les droits, confiscations, amendes et dépens, lorsque la contravention aura été commise dans les fonctions auxquelles ils auront été employés par leurs maîtres, conformément à l'article 1384 du code civil.

Les pères, mères ou tuteurs seront garants des faits de leurs enfants ou pupilles, mineurs émancipés et demeurant chez eux.

Seront également responsables, les propriétaires ou principaux locataires, relativement à la fraude qui se commettrait dans leurs maisons, clos, jardins et autres lieux, par eux personnellement occupés, s'ils sont convaincus de l'avoir favorisée ou d'y avoir participé.

CHAPITRE IV

Personnel

Art. 79. — Quel que soit le mode de perception. toutes personnes dirigeant l'octroi seront tenues de permettre le concours des employés des contributions indirectes, dans tous les cas où il doit avoir lieu, de leur laisser faire les vérifications et opérations relatives à leur service, et de leur donner communication de tous états, bordereaux et renseignements dont ils auront besoin.

Art. 80. — Les préposés d'octroi seront tenus, sous peine de destitution. d'exiger de tout conducteur d'objets soumis aux contributions indirectes, la représentation des congés, passavants, acquits-à-caution, lettre de voiture et autres expéditions ; de vérifier les chargements ; de rapporter procès-verbal des fraudes ou contraventions qu'ils découvriront ; de concourir au service des contributions indirectes, toutes les fois qu'ils en seront requis, sans toutefois pouvoir être déplacés de leur service ordinaire ; enfin, de remettre chaque jour à l'employé supérieur des contributions indirectes un relevé des objets soumis aux droits du Trésor, qui auront été introduits.

Les employés des contributions. indirectes concourront également à la surveillance du service de l'octroi, et rapporteront procès-verbal pour les fraudes et contraventions relatives aux droits qu'ils découvriront.

ART. 81. — Les préposés de l'octroi se serviront pour constater le volume et le degré des liquides, des instruments dont les employés des contributions indirectes font usage.

ART. 82. — Les préposés de l'octroi devront être porteurs de leur commission, et seront tenus de la représenter lorsqu'ils en seront requis.

ART. 83. — Le port d'armes est accordé aux préposés de l'octroi dans l'exercice de leurs fonctions. Ceux qui abuseraient de cette faculté seront destitués, sans préjudice des poursuites judiciaires auxquelles ils auront donné lieu.

ART. 84. — Les préposés de l'octroi ne pourront ni, faire le commerce des objets tarifés, ni s'intéresser à ce commerce, soit comme associés, soit comme bailleurs de fonds ou commanditaires.

Tout préposé qui favorisera la fraude,. soit en recevant des présents, soit de tout autre manière, sera mis en jugement et condamné aux peines portées par le code pénal contre les fonctionnaires publics prévaricateurs.

ART. 85. — Les préposés de l'octroi qui seraient signalés comme remplissant mal leurs fonctions, ou comme ayant donné lieu à des plaintes graves, pourront être suspendus par le Préfet et même révoqués par lui sur la proposition du directeur général des contributions indirectes.

ART. 86. — Les préposés de l'octroi sont placés sous la protection de l'autorité publique, il est défendu de les

injurier, de les maltraiter, et même de les troubler
dans l'exercice de leurs fonctions sous les peines de
droit. La force armée est tenue de leur prêter secours
et assistance toutes les fois qu'elle en sera requise.

DISPOSITIONS GÉNÉRALES

Art. 87. — Tous les registres employés à la perception et au service de l'octroi seront fournis par la régie
des contributions indirectes ; la dépense lui en sera
remboursée par la commune ; les perceptions ou déclarations y seront inscrites sans interruption, ni lacune.
Les expéditions qui en seront détachées seront mar-
quées du timbre des contributions indirectes, dont le
prix fixé par la loi, sera acquitté par les redevables,
et le montant versé dans les caisses de cette administration aux époques et de la manière qu'elle indiquera.

Art. 88. — Dans tous les cas, non prévus au présent
règlement, on s'en référera aux lois et aux règlements
généraux en vigueur sur les octrois.

TARIF

CHAPITRES DE PERCEPTION	OBJETS ASSUJETTIS AU DROIT	Mesures et poids	DROITS à percevoir	OBSERVATIONS
BOISSONS ET LIQUIDES	Vinaigres ordinaires, y compris le vinaigre contenus dans les conserves. . .	l'hectol.	5 00	
	Vinaigres concentrés, acides acétiques pyroligneux et vinaigre de toilette, etc.	id.	35 00	
	Limonade gazeuse	id.	6 00	
	BÉTAIL VIVANT			
	Bœufs, vaches, taureaux, génisses. . .	les 100 k.	6 00	La taxe sur les bestiaux sera perçue d'aprè le poids brut de l'animal vivant ou sur pied.
	Moutons, brebis et béliers	id.	8 00	
	Chèvres	id.	5 00	
	Agneaux	id.	8 00	
	Veaux de pré	id.	6 00	
	Veaux de lait	id.	9 00	
	Porcs	id.	10 00	
	Porcs de lait.	id.	10 00	
COMESTIBLES	*VIANDES FRAICHES DÉPECÉES*			
	Bœufs, vaches, taureaux, génisses. . .	id.	12 00	Dans les viandes dépecées sont compris le abats et les issues propres à l'alimentation.
	Moutons, brebis et béliers	id.	16 00	Toutes les parties du porc sont soumises la taxe.
	Veaux	id.	12 00	Les abats et issues à l'état brut ne paieron que demi-taxe.
	Agneaux	id.	16 00	Les viandes congelées, frigorifiées ou proté gées seront taxées comme viandes fraîches.
	Porcs	id.	12 00	
	Porcs de lait.	id.	12 00	
	Abats et issues	id.	5 00	
	Lard, graisse et viandes salées, charcuterie commune, graisse blanche . . .	id.	8 00	
	Huîtres fraiches ou marinées	le 100	2 00	Les huîtres dites portugaises paieront demi droit.
	Truffes, volailles et gibiers truffés, pâtés et terrines truffés	les 100 k.	150 00	
	Charcuterie fine, saucissons, jambons, têtes roulées, etc.	id.	16 00	
	Pâtés, terrines, conserves non truffées .	id.	20 00	

CHAPITRES DE PERCEPTION	OBJETS ASSUJETTIS AUX DROITS	Mesures et poids	DROITS à percevoir	OBSERVATIONS
COMBUSTIBLES	Bois à brûler, branches de toutes espèces, revêtus ou non de leur écorce ... dur	le stère	1 00	Les bois et planches de déchirage seront imposées comme bois à brûler tendre.
	id. tendre	id.	0 75	Les échalas, liteaux, lattes et treillages paient le droit au mètre cube, comme bois de construction.
	Fagots, sarments et coterets.	id.	0 30	
	Charbon de bois et ses dérivés	les 100 k.	1 00	Ne sont passibles d'aucun droit, les objets ci-après désignés :
	Houilles et autres combustibles minéraux, anthracites, briquettes, boulets agglomérés	id.	0 30	1. La paille, le foin et autres fourrages provenant d'emballage ;
	Coke	id.	0 40	2. La paille de colza ;
	Huiles minérales	l'hectol.	2 50	3 Le fourrage vert destiné à être consommé vert ;
	Huiles lourdes destinées au chauffage ou à l'alimentation des moteurs (Loi du 30 mars 1923).	les 100 k.	0 60	4. Les balais de jonc ou autres ; 5. Les fruits à couteau.
FOURRAGES et Denrées destinées aux animaux	Foin, sainfoin, trèfle, luzerne et autres fourrages	id.	0 50	Le coke fabriqué à l'intérieur avec du charbon qui aura payé le droit sera exempt de la taxe.
	Paille battue.	id.	0 30	
	Paille en gerbes	id.	0 15	Les meubles et les sabots sont affranchis de tous droits.
	Regain	id.	0 40	
MATÉRIAUX	Bois en grume ou bois d'œuvre ... dur	le m. cube	3 75	Les quantités inférieures à celles déterminées au présent tarif, sont imposées proportionnellement.
	tendre	id.	3 20	
	Bois de charpente et de menuiserie ouvré ... dur	id.	5 00	La poussière de coke payera demi-droit.
	tendre	id.	4 00	La chaux destinée à l'amendement des terres est exonérée.
MATÉRIAUX	Chaux et mortier de toutes espèces	les 100 k.	0 30	Les pierres à chaux ou à plâtre sont imposées d'après la chaux ou le plâtre qu'elles contiennent.
	Ciments de toutes espèces	id.	0 80	
	Plâtre.	id.	0 40	

CHAPITRES DE PERCEPTION	OBJETS ASSUJETTIS AUX DROITS	Mesures et poids	DROITS à percevoir	OBSERVATIONS
MATÉRIAUX	Moellons, platras, pavés et meulières de toutes dimensions, travaillés ou non .	le m. cube	0 50	Les marbres faisant partie des meubles ne sont pas imposables pas plus que les meubles eux-mêmes.
	Pierre de taille dure	id.	3 00	
	Pierre de taille tendre	id.	2 00	Lorsque le cubage du marbre présentera des difficultés, la taxe sera appliquée au poids à raison de 2.700 kilos par mètre cube.
	Dalles et carreaux de pierre de toutes espèces.	le m. s.	0 40	Les tuyaux de fer, les boulons de charpente sont compris dans les fers de construction.
	Marbres et granits.	le m. cube	10 00	
	Fers de toutes espèces, zinc, plomb, acier, fonte destinés à la construction des bâtiments, façonnés ou non . . .	les 100 k.	2 00	Le sable, les cailloux et graviers destinés à la réparation des chemins publics sont affranchis de la taxe.
	Moellons et tuyaux en béton de sable, gravier, scories, comprimés ou agglomérés à l'aide de chaux	id.	0 30	Les métaux destinés à la construction des machines et de leurs organes de transmission ne sont pas imposables.
	Les mêmes articles comprimés ou agglomérés à l'aide de ciment	id.	0 80	La marne pour amendement des terres n'est pas imposable.
	Ardoises pour toitures	le mille	5 00	
	Briques, tuiles, carreaux, mitres, tuyaux, poteries, destinés à la construction ou à l'embellissement des bâtiments . . .	la tonne	2 00	
	Argile, terre glaise, sable, scories, marin, mâchefers, graviers, cailloux, terre réfractaire, débris de briques, escarbilles.	le m. cube	0 40	Pour la taxe d'après le nombre, la base de perception sera établie d'après le poids d'une unité de chaque modèle au taux de la taxe au poids.
	Verres à vitres	les 100 k.	3 00	
	Cuivre, laiton bronze, destinés aux immeubles	id.	4 00	

Approuvé par décret du Président de la République, du 29 Décembre 1923,

Signé : A. MILLERAND.

Par le Président de la République,

Le Ministre des Finances,

Signé : Ch. de Lasteyrie.